Nicht aufzuhalten

Nicht aufzuhalten

Neue Gedichte von

ANNE STEINWART

Brigitte

Anne Steinwart wurde 1945 in einer Kleinstadt in Westfalen geboren und lebt dort mit ihrem Mann und ihren beiden Kindern. 1984 erschien ihr erster Gedichtband „Wer hat schon Flügel“. Seither hat Anne Steinwart diese neuen Gedichte geschrieben und ein Kinderbuch: „Tina ist eben so“.

Herausgeber: Peter Brasch; Lektorat: Marita Heinz
Umschlagfoto: Andy Cauffield, Image Bank
Gestaltung: Dietmar Meyer, Rainer Sennewald
Produktion: Jürgen Schmidt, Druckzentrale G+J
Satz: Alster-Lichtsatz GmbH, Hamburg
Druck: Clausen & Bosse, Leck

Printed in Germany ISBN 3-570-08042-0

Inhalt

Geburtstagsnotiz 9
Kann nicht 10
Fernweh 11
März 12
An den April 13
Mein Engel 14
Schlimmstenfalls 15
Bin gebunden und frei 16
Liebes Scheusal 18
Freundschaft 19
Eines Tages 20
Fensternotiz 21
Eigensinn 22
Fragen 23
In der Nacht 24
Unerschütterlich 25
Angst 26
Das Sterben 27
Regensonntag 28
Sommeranfang 29
Einsame Zeiten 30
Ich übe 31
Zur Rede des Häuptlings Seattle 32
Als ob 33

Strandnotiz 34
Sommer 35
Unglück 36
Nicht aufzuhalten 37
Masken 38
Sie hat ihren eigenen Kopf 39
Nur wenige 40
Singen will ich 41
Spielverderber 42
Es ist 43
Mittwoch 11. September 1985 44
Später Auftritt 45
Abend am Trentsee 46
Ausnahmsweise 47
Nicht Helden nicht Heilige 48
Genug? 49
Versprechen 50
Komm lieber morgen 51
Gereimtes zwischen zwei Jahreszeiten 52
Oktober 53
Mit dem Fortschritt 54
Und wenn sie nicht gestorben sind 55
Weiß nicht 56
Hier und jetzt 57

Abschied 58
Langsam gehe ich weiter 59
Lesen 60
Paradox 61
Selbstvertrauen 62
Nähe 63
Der Dichter 64
Politiker 65
November 66
Morgendämmerung 67
Widerworte 68
Kein Kinderspiel 69
Bin so froh 70
Kinderlied 71
Der Winter 72
Fürchtet Euch 73
Die Freiheit 74
Mut 75
Karneval in Hexenküche 76
Meine Güte 77
Mein Sohn 78
Sprache 79
Wünsch dir was 80

Geburtstagsnotiz

Vierzigmal
dreihundertfünfundsechzig Tage
gesiebt und gesucht
geirrt und gefunden

In einen Fingerhut
paßt das gewaschene Gold

Kann nicht
aufhören damit

Im Laufe der Jahre
soviele Worte
gesammelt

Soviele
noch nicht gefunden

Fernweh

Heimweh
nach dem Paradies
das wir verloren haben

damals
in Kinderschuhen

März

Für die Bühne
webt und strickt und
näht und stickt
der Frühling
bunte Kulissen
aus Blüten und Blättern

Still warten alle
daß der Vorhang
sich hebt
Die Vögel die vorlauten
geben schon täglich
laute Klingelzeichen

An den April

Respekt Respekt
ich zieh vor dir den Hut

Du bist nicht brav
streust Blumen oder Schnee
und wenn dir danach ist
drohst du mit Herbstgewittern

Ich möchte sein wie du
nur
wer wird mich dann
noch mögen?

Mein Engel

Eine alte Frau
mit gebrochenen Flügeln
Sie sagt
immer noch
Ja
und
Fürchte dich nicht

Schlimmstenfalls

Das Leben ist
auch ohne den Tod
schon tödlich genug

Schlimmstenfalls
stirbst du
bevor du geboren bist

Bin gebunden und frei

Mein Schneckenkörper
der an der Erde klebt
schwerfällig ist
der vorsichtig seine Fühler
ausstreckt
Schneckenkörper
mit dünner Haut
und alten Narben
Mit einem Haus
auf dem Rücken
Meine Last
mein sicherer Ort

Schneckenkörper
in dem ein Vogelherz schlägt
mit Sehnsucht
nach Weite und Himmel
Mein Vogelherz
das singen kann
sich nicht zähmen läßt
in keinen Käfig will

Bin Schneckenvogel
Vogelschnecke

Liebes Scheusal

Wenn ich bloß wüßte
warum ich dich liebe

Wüßte ich nicht
daß ich dich liebe
wär ich schon lange
auf und davon
für immer und ewig

Freundschaft

Eine Burg
mit festen Mauern
offenen Türen
und Fenstern

Ich bin frei
und in Sicherheit

Eines Tages

Vielleicht eines Tages
werden wir klüger geworden sein
die Fahnen und Uniformen verbrennen
Glaubensbekenntnisse
und Parteiprogramme abheften
die Feindbilder zerreißen

Vielleicht eines Tages
werden wir zuhören können
eine Sprache finden
und gemeinsam singen
das Lied von Liebe und Tod

Menschenkinder wir alle
fremde Geschwister

Vielleicht wird uns bis dahin
noch Sprechen und Hören vergehen
Das letzte Wort
eines Tages
wird es gesprochen

Fensternotiz

Ich putze ein Fenster.
Im Radio Nachrichten
aus aller Welt.
Kein Ort zum Hinsetzen
diese Welt.
Gegenüber wird ein Dach gedeckt.
Handwerkerstimmengemurmel.
Ein Dachdecker singt
eine einfache Melodie.
Ich kenne ihn nicht.
Er singt auch nicht
besonders gut.

Aber
daß da jemand singt

Eigensinn

In jeder Ameise
steckt eine Grille
der man beizeiten
das Fiedeln
ausgetrieben hat

Ich bringe es
mir mühsam
wieder bei

Fragen

Warum mußt du immer
aus dem Rahmen fallen
fragt die Mutter

Warum hast du mich
eingerahmt
fragt die Tochter
Bin ich
ein fertiges Bild

In der Nacht

Gespenster
kommen und gehen

Ich stelle mich tot
so komme ich
ungeschoren davon

Mutig bin ich
am Tage

Unerschütterlich

Nicht im Alltag
das Feiern vergessen
Nicht in Krisen
das Lachen verlernen
Dem Frieden
nachlaufen
mitten in Kriegen

Der Knöterich wächst
und blüht schließlich
auch
unerschütterlich

Angst

Leben heißt
Sterbenmüssen
Das weiß ich
und will
es nicht wissen

Ich will nicht
begreifen
lieber vergessen

Das Sterben

Vielleicht ist es
kein Weggehen
sondern Zurückgehen?

Sind wir nicht unterwegs
mit ungenauem Ziel
und unbekannter Ankunftszeit
mit Heimweh im Gepäck?

Wohin denn
sollten wir gehen
wenn nicht
nach Hause zurück?

Regensonntag

Die Straße glänzt wie frisch gebohnert.
Das Gras wächst flüsternd vor sich hin.

Die Schirme rennen um die Wette.
Ich bleibe wo ich bin.

Der Himmel macht halt große Wäsche.
Ich schau ihm zu. Schreib eine Zeile.

Die Stunden tropfen an die Scheiben.
Das Sofa gähnt. Hat Langeweile.

Sommeranfang

In der Sonne sitzen
still sein
ganz still
das Gras wachsen hören
und staunen
nur staunen

Einsame Zeiten

Meine Lieben
sind ausgeflogen
für einen kurzen Sommer

Alles steht
an seinem Platz
wie gestern und vorgestern
Nur mich muß ich suchen

Das Haus ist gewachsen
Ich verlaufe mich
in den leeren Räumen
Kein Nest mehr darin

Die Fische meiner Tochter
füttere ich täglich und pünktlich
Sie wissen
auch nichts zu sagen

Ich übe

Festhalten
möchte ich
dich Sohn und
dich Tochter

Loslassen
will ich
und kann es
so schlecht

Ich übe und lerne

Zur Rede des Häuptlings Seattle

In allem also bin ich?
Mit allem verwandt und verschwistert?
Mutter Erde und Bruder Himmel?
Das ist gut. Das ist sehr gut.
Bin ich auch in Welle und Wolke
im Wüstensand und im Wind?
Einverstanden. So könnte es sein.
Will auch im Baum sein
im Gras in der Blume
noch lieber im Vogel.
Will Mann sein und Frau
Kind auch und Greis.
Bin wohl auch in Schnecke und Eule
im Käfer und Wurm.
Es wird schon so sein.
Aber bin ich
auch im Stein?
Will alles sein. Alles und Jedes.
Aber kein Stein.
Nur das nicht.
Kein Stein

Als ob

Der Ernst des Lebens
wurde mir
wieder einmal gesagt
jetzt beginnt er

Als ob ich bisher
nur gespielt hätte

Strandnotiz

Häusern und Menschen
davongelaufen
bis zum Anfang der Wüste

Im warmen Sand liegen
mich aufschnüren und
auseinanderfalten
Nichts tun nichts wollen
leer sein dürfen
so leer

Möwen schreien für mich
Wind atmet für mich
Meer singt mir ein Wiegenlied
Ich laß mich bemuttern
von Sonne und Luft
fühl mich geborgen
zwischen Himmel und Erde

Sommer

Die Sorgen
in den Kirschbaum hängen
barfuß laufen
mit Schmetterlingen reden
auf der Erde sitzen
Gänseblümchenblütenblätter
zählen: Liebt er mich?
Ja nein ja nein ja nein
jajajaaa
(ohne zu mogeln)

Unglück

Verstummte Gefühle
Geflohene Trauer
Nicht auffindbare Wut

Tödlich erschrocken
versteinert
das Herz

Nicht aufzuhalten

Dieses verrückte Kind
das losrennt
das Leben zu umarmen
das hinfällt
aufsteht und weiterläuft
mit zerschlagenen Knien

Dieses verrückte Kind
das Hoffnung heißt
an Liebe glaubt

Masken

Das Leben ist ein Fest
sagte der Traumtänzer
und stolperte über den Alltag
als die Musik nicht mehr spielte

Das Leben ist Glücksache
sagte der Spieler
und betrog alle
am meisten sich selbst

Das Leben ist was es ist
sagte der Clown
malte sich ein buntes Gesicht
und weinte und lachte

Sie hat ihren eigenen Kopf

sagte ein Vater
über seine Tochter
Er sagte es
ohne Freude
an dieser Tochter
und überhaupt
viel lieber hätte er
einen Sohn gehabt

Nur wenige

Glück und Schmerz
wohnen
in einem Haus
Nur wenige
ziehen dort ein

Fluchtburgen
und Luftschlösser
sind überfüllt

Singen will ich

Will nicht leugnen
die Dunkelheit
Aber auch nicht
das Sonnenlicht

Singen will ich
in die Dunkelheit
von der Sonne
ein Lied

Spielverderber

Fragt Einer:
wie gehts?
Sagt der Andere:
schlecht

Sagt der Eine:
danach habe ich
nicht gefragt

Es ist

Es ist kein Friede
im Frieden
Die Waffen liegen
gezählt auf dem Tisch
werden stündlich bewacht

Der Bruderkuß
eine Lüge

Mittwoch 11. September 1985

Alles stehen und liegen gelassen
Pflichten verschoben
auf Sonntag vielleicht
Altweibersommer gefeiert
im Liegestuhl
dem Schatten weggelaufen
der Sonne gefolgt
mit Pusteblumenwolken gespielt
auf südlich blauem Himmel
den halben Sommer
nachgeholt

Später Auftritt

Den ganzen langen Tag
versteckte sich die Sonne
beleidigt trotzig
was auch immer
um spät am Abend dann
in Gala zu erscheinen

Der Himmel feiert
seine Primadonna
er zündet
Freudenfeuer an

Abend am Trentsee

Der Wind der allmächtige
schläft schon im Schilf
Er war fleißig der Frühaufsteher
hat den Himmel aufgeräumt
den ganzen Tag Wolken gefegt
sich müde gepustet

So hoch der wolkenlose Himmel
so schön sein müdes Blau
Der Tag verabschiedet sich
ist zufrieden und einverstanden

Ich kann mich nicht trennen
sitze im Gras
Mit mir fiedeln
die nimmermüden Grillen

Ausnahmsweise

Nur ausnahmsweise
gelingt ein Wort
ein Lächeln ein Schritt
Nur ausnahmsweise
fällt Regen im Wüstenland

Aber dann
ein Blumenteppich
so schön

Nicht Helden nicht Heilige

Gäbe es
Orden und Ehrenzeichen
für Tapferkeit
die kleine zähe
meine ich
die sich alltäglich
abmüht
bei den Immerwiederversuchen
aufrecht zu gehen
und einigermaßen
redlich zu sein
ich wüßte so einige
die sie verdient hätten

Genug?

Habe ich genug gesehen
genug gehört?
Habe ich
Notwendiges gesagt?
Kann ich
den Eid leisten
im Zeugenstand?

Versprechen

Ich habe mich verlassen
auf dich
Verlassen bin ich
Kein Verlaß
stattdessen Verlust

Ich verlasse mich nicht
das verspreche ich mir

Komm lieber morgen

Bin heute
geizig
verknospelt
anwesend abwesend

Laß mich
will atmen

Vielleicht
blühe ich morgen

Gereimtes zwischen zwei Jahreszeiten

Die eine sieht man
südwärts ziehn,
die Astern blühn verwegen.

Die andere ist schon
auf dem Weg,
ein Strandkorb grinst verlegen.

Die Sonnenblumen
stehn Spalier,
Singvögel flüchten leise.

Der Bücherwurm
bleibt jetzt zuhaus,
er liest sich satt und weise.

Oktober

Ungerufen
stürmt der Herbst herein
mitten
in den Altweibersommer
Unerbittlich
bläst er den Zapfenstreich

Der Garten
streckt alle Blätter von sich

Mit dem Fortschritt

laufen wir
immerzu immerfort
VORWÄRTS MARSCH MARSCH
entfernen uns
entfremden uns
MACHT DOCH NICHTS
WIR HABENS DOCH
ALLES HAT SEINEN PREIS
und zahlen und zahlen
und wenn es denn sein muß
mit Haut und mit Haaren
UMSONST IST DER TOD
HAUPTSACHE ES GEHT WEITER
immer weiter und weiter
bloß nicht hinsehn
bloß nicht stillstehn
STILLSTAND IST RÜCKGANG
GLEICHSCHRITT
MARSCH MARSCH
mit dem Fortschritt
laufen wir
immerzu
immer

fort

Und wenn sie nicht
gestorben sind

Wo sich
viele
klein machen
können
wenige
groß werden

Riesen
lebten im
Zwergenland

Weiß nicht

ob ich
alt werden möchte
Sind so viele
zerbrochen
daran

Weiß ja nicht
wie ich

Sind so wenige
heil geblieben
dabei

Möchte schon

Hier und jetzt

Die Welt
ist unbehütet
Ich muß mich hüten
noch und noch

Das Leben
ist unbeantwortbar
Ich muß fragen
nimmermüde

Das Sterben
ist unabwendbar
Ich will leben
hier und jetzt

Abschied

Kein Wort mehr
Es ist alles gesagt

Ein Wort noch
Sonst bleibt
Alles verschwiegen

Lieber nicht
Nur ein Blick

Langsam gehe ich weiter

Wohin des Weges
und warum so eilig
frage ich mich manchmal
wenn ich mir unterwegs
begegne

Dann bleibe ich stehen
halte mir eine Rede
antworte mir
erkläre mir

Meine Güte
kann ich klug reden
Als ob ich

Lesen

Sich vertrautmachen
mit einer fremden Welt
mit fremden Menschen
Heimat finden
in aufgeschriebenen
Gedanken

Meine lieben Bücher

Paradox

Die brotlosen Künstler
teilen mit vollen Händen
aus was sie besitzen
an die
die da sagen
der Mensch lebt nicht
vom Brot allein

Selbstvertrauen

Das Ufer verlassen
den festen Boden
unter den Füßen
Kopfüber
ins Meer springen
schwimmen
in Freiheit und Gefahr
Meine Kraft
und meine Schwäche
finden

Nähe

Komm näher
mein Freund
noch näher
Sonst
muß ich erfrieren

Nicht so nah
Du Freund Du
nicht so nah
Atmen
muß jeder für sich

Der Dichter

Der Staat
begräbt
die Helden
die Kirche
verherrlicht
die Heiligen

Der Dichter
spricht
von den Menschenkindern
ganz leise

Politiker

Ich wünsch mir einen
der seine Angst zeigt
und keine Angst hat
dadurch zu verlieren
Der sagt
ich bin schwach
doch gemeinsam
könnte es gehen

Ich würde vertrauen
einem der Mut hat

November

Die Birke die liebe
trägt Trauer
nackt unbehütet
Ich kann
nichts für sie tun

Halte still
Birke Schwesterherz
nur eine Weile
Wir werden
wieder Frühlingslieder
singen
Alte und neue

Morgendämmerung

Die Nacht
schleicht sich
auf leisen Sohlen davon
Sie will mich nicht stören

Ein Gedicht
hat sie liegen lassen

Widerworte

Halte dich gerade –
bin keine Fahnenstange
Sitz nicht wie ein Fragezeichen –
wenn ich doch eins bin
Geh zügig vorwärts –
wohin denn
Frag nicht soviel –
warum nicht
Das Leben ist kein Spiel –
darum ja

Kein Kinderspiel

Mutter
wie weit darf ich reisen?
Soweit Du willst.
Wirst Du auch nicht weinen?
Laß meine Tränen
mein Herz hat Flügel.

Bin so froh

Höre
dich pfeifen Sohn
Sehe
dich lächeln Tochter

Habe
keine Angst

Kinderlied

Mütterlein lieb Mütterlein
kann nicht länger bei dir sein.
Muß die weite Welt verstehen
und mit Wind und Sternen gehen.

Bin nicht mehr dein Hänschen klein
will jetzt der Johannes sein.
Laß mich los und mach mir Mut
ich denk an dich und bin dir gut.

Der Winter

Ein trauriger Alter
mit Rheuma und Falten
kahlköpfig
und zu oft allein
Manchmal
spielt er den Clown
legt weiße Schminke
auf sein müdes Gesicht
und feiert mit uns
ein feuchtfröhliches Fest

Wenn es dunkel wird
läßt er Wunderkerzen leuchten

Fürchtet Euch

Stellt auf den Kranz
Das Tor macht weit
Marzipanherzen klopfen leis
Startschuß für die schönste Zeit

Lebkuchenmänner stehen stramm
Der Christkindmarkt ist offen
Im Kaufhaus singt ein Engelchor
Vom Lieben und vom Hoffen

Der Friede wartet an der Tür
Die Hirten sind vertrieben
Das Weihnachtsgeld ist schon verplant
Wo ist der Stern geblieben?

Die Freiheit

Himmelnah haust sie
auf ungastlichen Bergen
jenseits
aller Wanderkarten

Der Weg dorthin
steinig bergan und bergan
Keine Schutzhütte unterwegs
kein bequemer Stuhl
Nur Steine und Steine
und Blut in den Schuhen

Der Adler kommt
mühelos
kennt sich aus

Mut

Ich will
meine Angst
an die Hand nehmen
und mit ihr gehen

Sie ist mein Kind

Karneval in Hexenküche
Illusion und Zaubersprüche

Hokus Pokus Seifenblase
Ohrenwackeln lange Nase
Hokus Pokus Luftballon
flieg mit mir ganz schnell davon.
Hab Regenbogenschuhe an
will sehn ob ich nicht zaubern kann.
Sing mein Lied sonst oft in Moll
heut heb ich ab tanz Rock'n Roll.
Hokus Pokus lila Krokus
Hexenbrille Zauberwein
vernünftig will ich morgen sein.

Meine Güte

Kann ja noch
weinen und lachen
und laufen und laufen

War ich nicht gestern
die gespenstische Alte?
Schlich ich nicht müde
durch finstere Gassen
so müde so alt
und spukte ich nicht?

Bin mal wieder
davongekommen
hüpfe und tanze
und laufe und laufe
so jung
ohne Rückenwind

Meine Güte
es gibt mich noch

Mein Sohn

Groß und stark
sollte er werden
Ich hatte Zeit
und Geduld

Nun ist er mir
über den Kopf gewachsen
in mancherlei Hinsicht
stärker als ich
schneller sowieso
manchmal auch klüger

Jetzt soll er
verflixt noch mal
Geduld
mit mir haben

Sprache

Lege meine Worte
auf die Goldwaage
vergleiche
Menge mit Gewicht
Von einem Schatz
kann keine Rede sein

Werde ganz still

Auch Muttersprache
hält nicht
was sie verspricht

Wünsch dir was
sagte die gute Fee

Alt und weise
möchte ich werden
und unerschrocken
Eine eigensinnige Alte
mit silbernen Haaren
ohne Strümpfe
in lila Sandalen
Und Lachfalten
möchte ich haben
Ganz viele